Use counters

Add +

1 + 7 → [8]   2 + 6 → [ ]   ⌣ → [ ]
4 + 4 → [ ]   5 + 3 → [ ]   7 + 1 → [ ]

7 + [ ] → 8   5 + [ ] → 8   3 + [ ] → 8
4 + [ ] → 8   6 + [ ] → 8   8 + [ ] → 8

Take away −

8 − 1 → [ ]   8 − 6 → [ ]   8 − 3 → [ ]
8 − 4 → [ ]   8 − 2 → [ ]   8 − 7 → [ ]

Add +

8 + 1 → [9]   3 + 6 → [ ]   7 + 2 → [ ]
4 + 5 → [ ]   1 + 8 → [ ]   5 + 4 → [ ]

2 + [ ] → 9   4 + [ ] → 9   1 + [ ] → 9
3 + [ ] → 9   9 + [ ] → 9   5 + [ ] → 9

Take away −

9 − 1 → [ ]   9 − 3 → [ ]   9 − 7 → [ ]
9 − 5 → [ ]   9 − 9 → [ ]   9 − 6 → [ ]

Use counters

Add +

1 + 9 → 10   2 + 8 → ☐   5 + 5 → ☐
4 + 6 → ☐   7 + 3 → ☐   8 + 2 → ☐

9 + ☐ → 10   7 + ☐ → 10   5 + ☐ → 10
6 + ☐ → 10   2 + ☐ → 10   1 + ☐ → 10

Take away −

10 − 1 → ☐   10 − 5 → ☐   10 − 3 → ☐
10 − 7 → ☐   10 − 2 → ☐   10 − 10 → ☐

Add +

3 + 3 → 6   5 + 2 → ☐   3 + 5 → ☐
2 + 7 → ☐   2 + 8 → ☐   1 + 9 → ☐

7 + ☐ → 8   2 + ☐ → 6   1 + ☐ → 7
4 + ☐ → 10   2 + ☐ → 9   4 + ☐ → 8

Take away −

6 − 2 → ☐   10 − 3 → ☐   7 − 4 → ☐
8 − 5 → ☐   9 − 2 → ☐   6 − 6 → ☐

st 2nd 3rd 4th 5th 6th 7th 8th 9th 10th

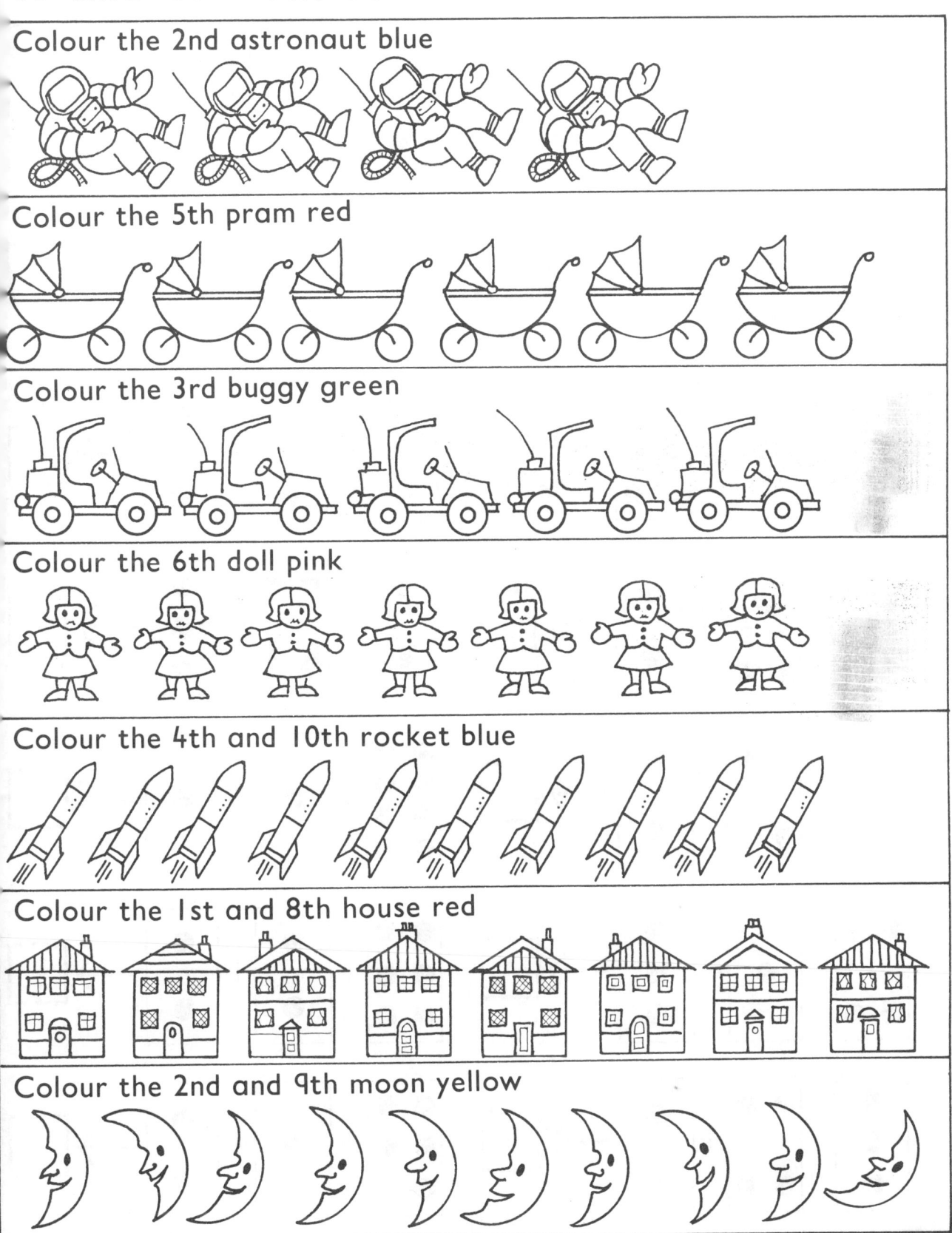

Adding three numbers

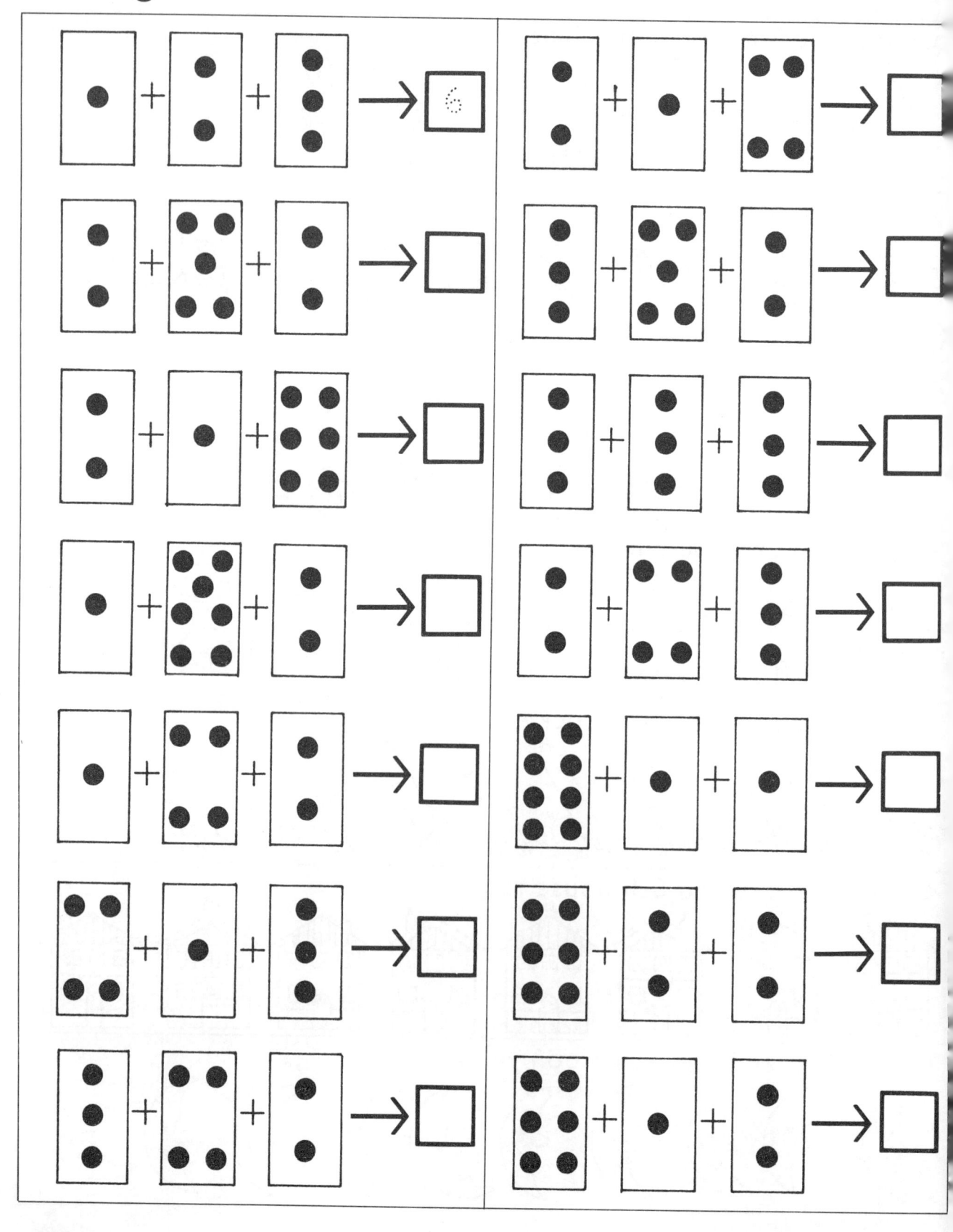

1 + 2 + 3 → 6
2 + 4 + 2 → ☐
1 + 1 + 6 → ☐
1 + 6 + 2 → ☐
1 + 4 + 2 → ☐
2 + 1 + 4 → ☐
3 + 1 + 3 → ☐

2 + 1 + 4 → ☐
3 + 5 + 2 → ☐
3 + 3 + 3 → ☐
2 + 4 + 3 → ☐
8 + 1 + 1 → ☐
6 + 2 + 2 → ☐
6 + 2 + 2 → ☐

Adding three numbers. Use counters

$1+1+2 \rightarrow \boxed{4}$ $\quad$ $1+2+2 \rightarrow \boxed{}$

$3+1+2 \rightarrow \boxed{}$ $\quad$ $2+2+2 \rightarrow \boxed{}$

$2+1+4 \rightarrow \boxed{}$ $\quad$ $1+5+1 \rightarrow \boxed{}$

$5+2+1 \rightarrow \boxed{}$ $\quad$ $2+1+6 \rightarrow \boxed{}$

$3+2+3 \rightarrow \boxed{}$ $\quad$ $5+2+2 \rightarrow \boxed{}$

$1+6+2 \rightarrow \boxed{}$ $\quad$ $3+3+4 \rightarrow \boxed{}$

$8+1+1 \rightarrow \boxed{}$ $\quad$ $2+6+1 \rightarrow \boxed{}$

$1+7+2 \rightarrow \boxed{}$ $\quad$ $2+4+3 \rightarrow \boxed{}$

$1+2+\boxed{} \rightarrow 4$ $\quad$ $3+2+\boxed{} \rightarrow 7$

$4+1+\boxed{} \rightarrow 8$ $\quad$ $5+3+\boxed{} \rightarrow 10$

$2+\boxed{}+3 \rightarrow 6$ $\quad$ $6+\boxed{}+2 \rightarrow 9$

$4+\boxed{}+4 \rightarrow 10$ $\quad$ $5+\boxed{}+2 \rightarrow 10$

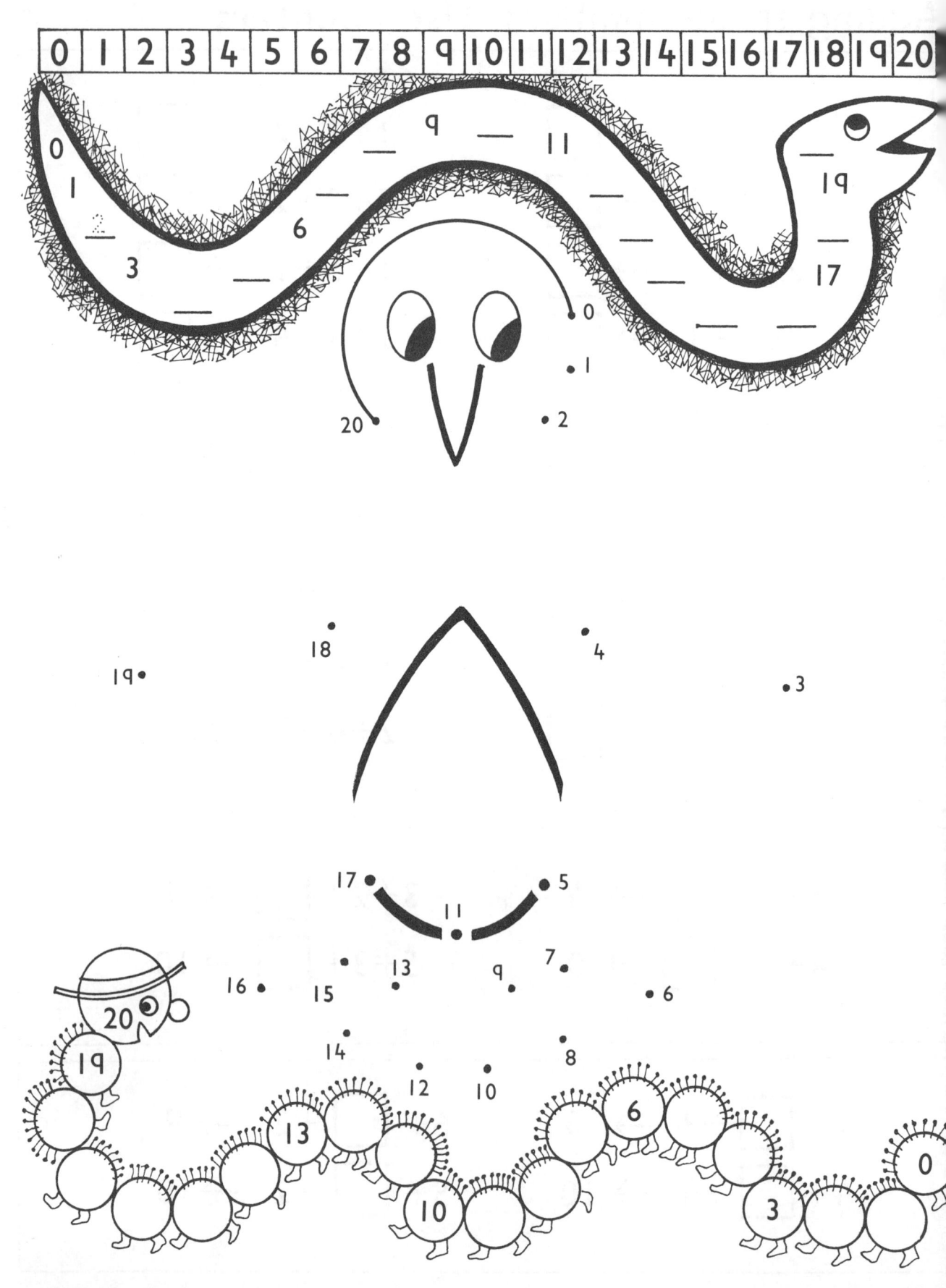

| 0 | 1 | 2 | 3 | 4 | 5 | 6 | 7 | 8 | 9 | 10 | 11 | 12 | 13 | 14 | 15 | 16 | 17 | 18 | 19 | 20 |

What comes after?

2 3 4 [5]   6 7 8 [ ]   10 11 12 [ ]
12 13 14 [ ]   8 9 10 [ ]   17 18 19 [ ]
4 5 6 [ ]   12 13 14 [ ]   15 16 17 [ ]

What comes before?

[1] 2 3 4   [ ] 5 6 7   [ ] 11 12 13
[ ] 10 11 12   [ ] 7 8 9   [ ] 15 16 17
[ ] 18 19 20   [ ] 13 14 15   [ ] 8 9 10

Write these numbers in order. Start with the smallest.

3 5 4 [3] [4] [5]   3 1 2 [ ] [ ] [ ]
7 9 8 [ ] [ ] [ ]   7 8 6 [ ] [ ] [ ]
12 11 10 [ ] [ ] [ ]   14 12 13 [ ] [ ] [ ]
18 20 19 [ ] [ ] [ ]   15 16 14 [ ] [ ] [ ]
11 10 9 [ ] [ ] [ ]   18 17 19 [ ] [ ] [ ]

How many? Count and colour

| 0 | 1 | 2 | 3 | 4 | 5 | 6 | 7 | 8 | 9 | 10 | 11 | 12 | 13 | 14 | 15 | 16 | 17 | 18 | 19 | 20 |

☐ fish

☐ birds

☐ dogs

☐ cats

☐ rabbits

How many? Count and colour

| 0 | 1 | 2 | 3 | 4 | 5 | 6 | 7 | 8 | 9 | 10 | 11 | 12 | 13 | 14 | 15 | 16 | 17 | 18 | 19 | 20 |

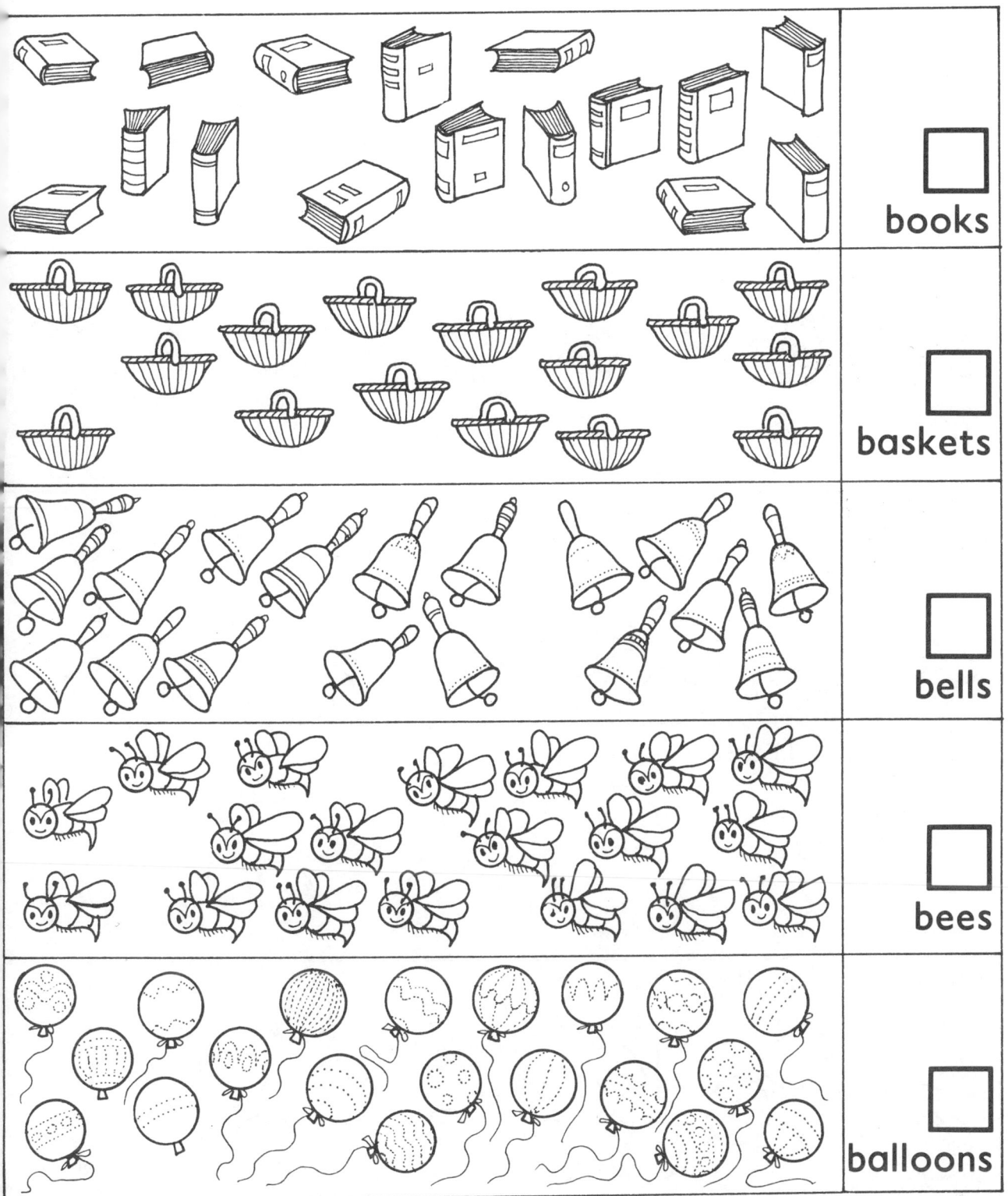

How many? Count and colour

| 0 | 1 | 2 | 3 | 4 | 5 | 6 | 7 | 8 | 9 | 10 | 11 | 12 | 13 | 14 | 15 | 16 | 17 | 18 | 19 | 20 |

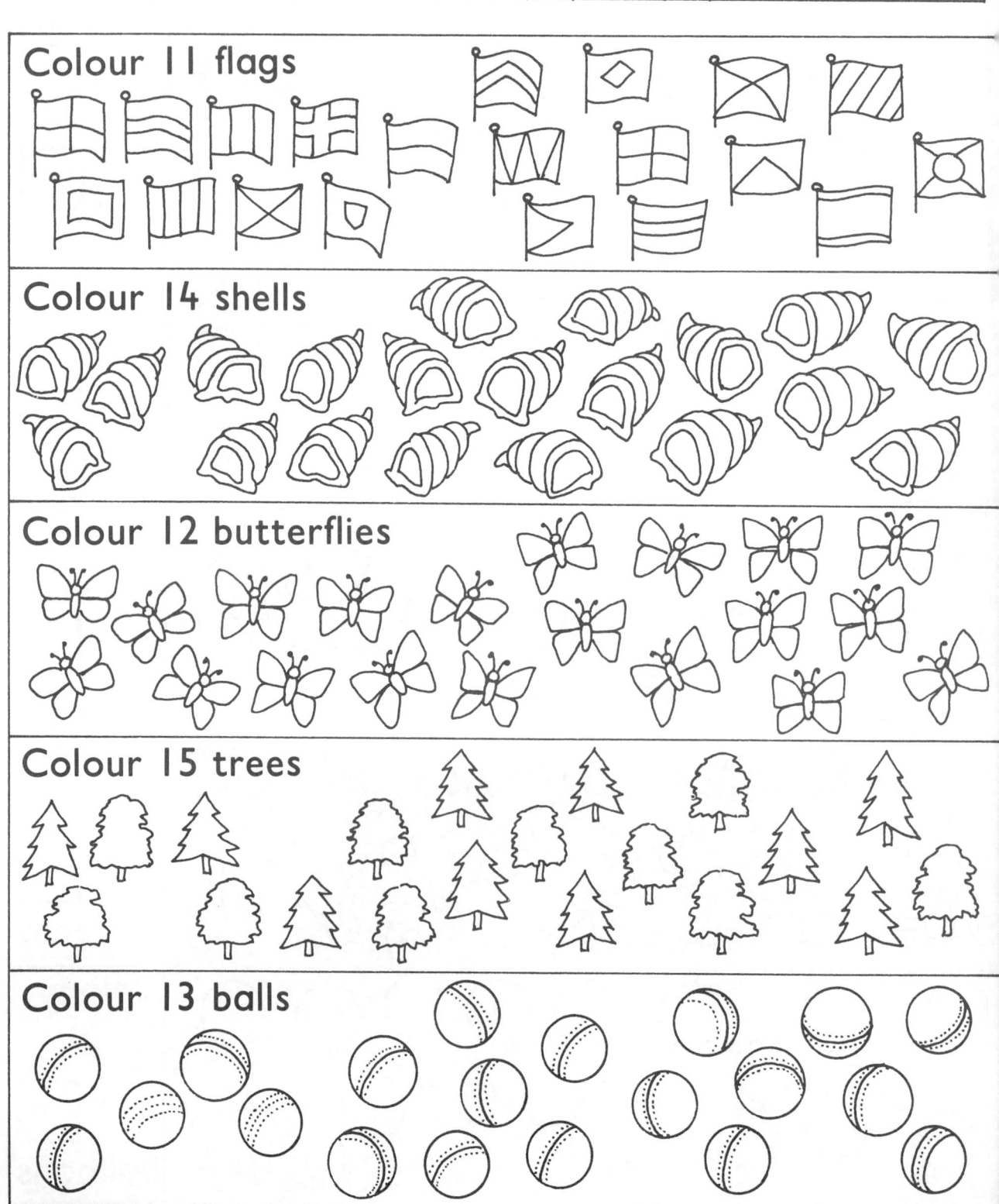

Colour 11 flags

Colour 14 shells

Colour 12 butterflies

Colour 15 trees

Colour 13 balls

How many? Count and colour

0	1	2	3	4	5	6	7	8	9	10	11	12	13	14	15	16	17	18	19	20
0	1	2	3	4	5	6	7	8	9	10	11	12	13	14	15	16	17	18	19	20

Colour 16 ducks

Colour 19 drums

Colour 17 snowmen

Colour 20 carrots

Colour 18 monkeys

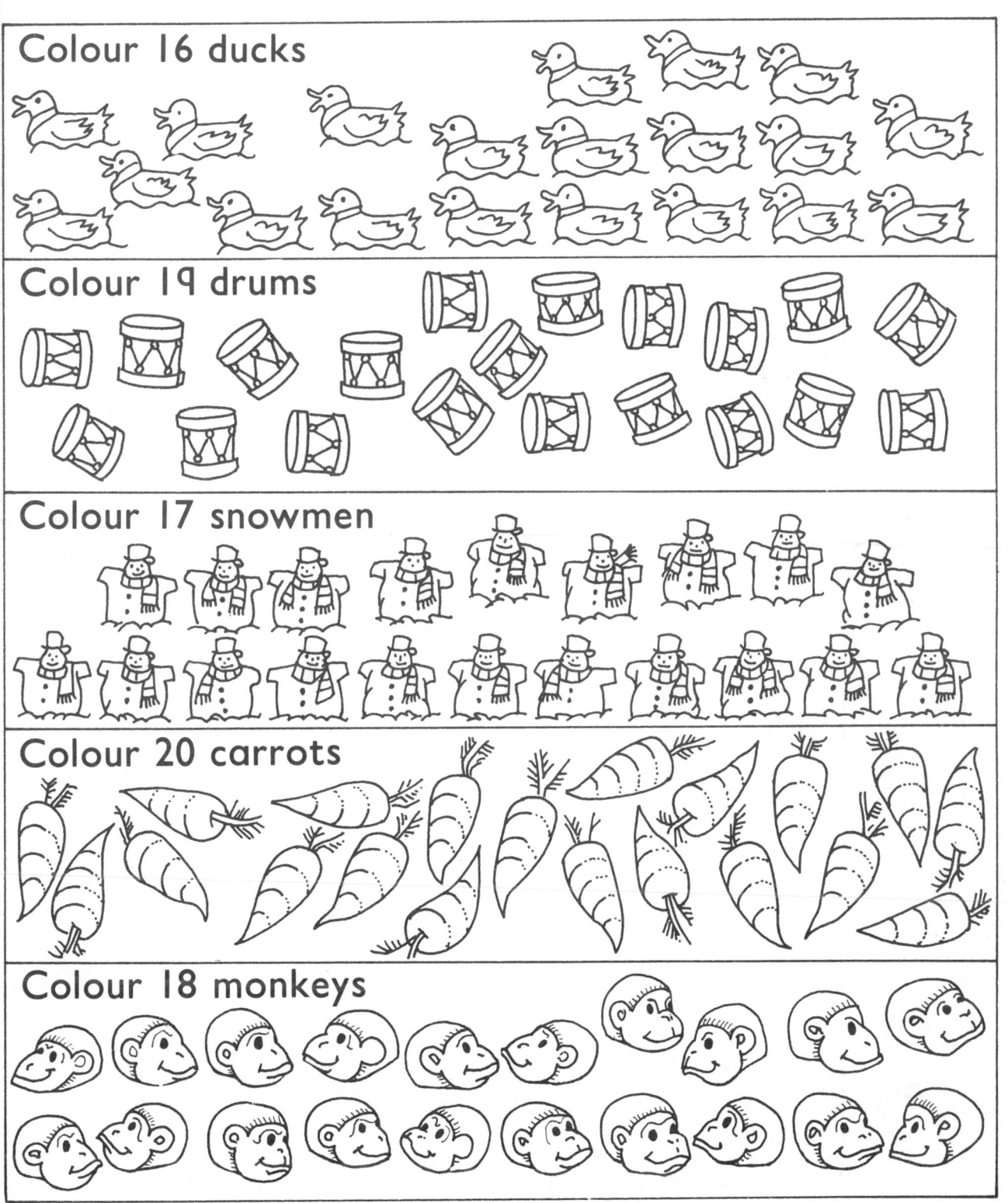

Count and draw

12 nails	
15 balls	
11 worms	
13 flags	
14 mugs	

Count and draw

18 eggs	
16 ices	
20 blocks	
19 kites	
17 hats	

Adding

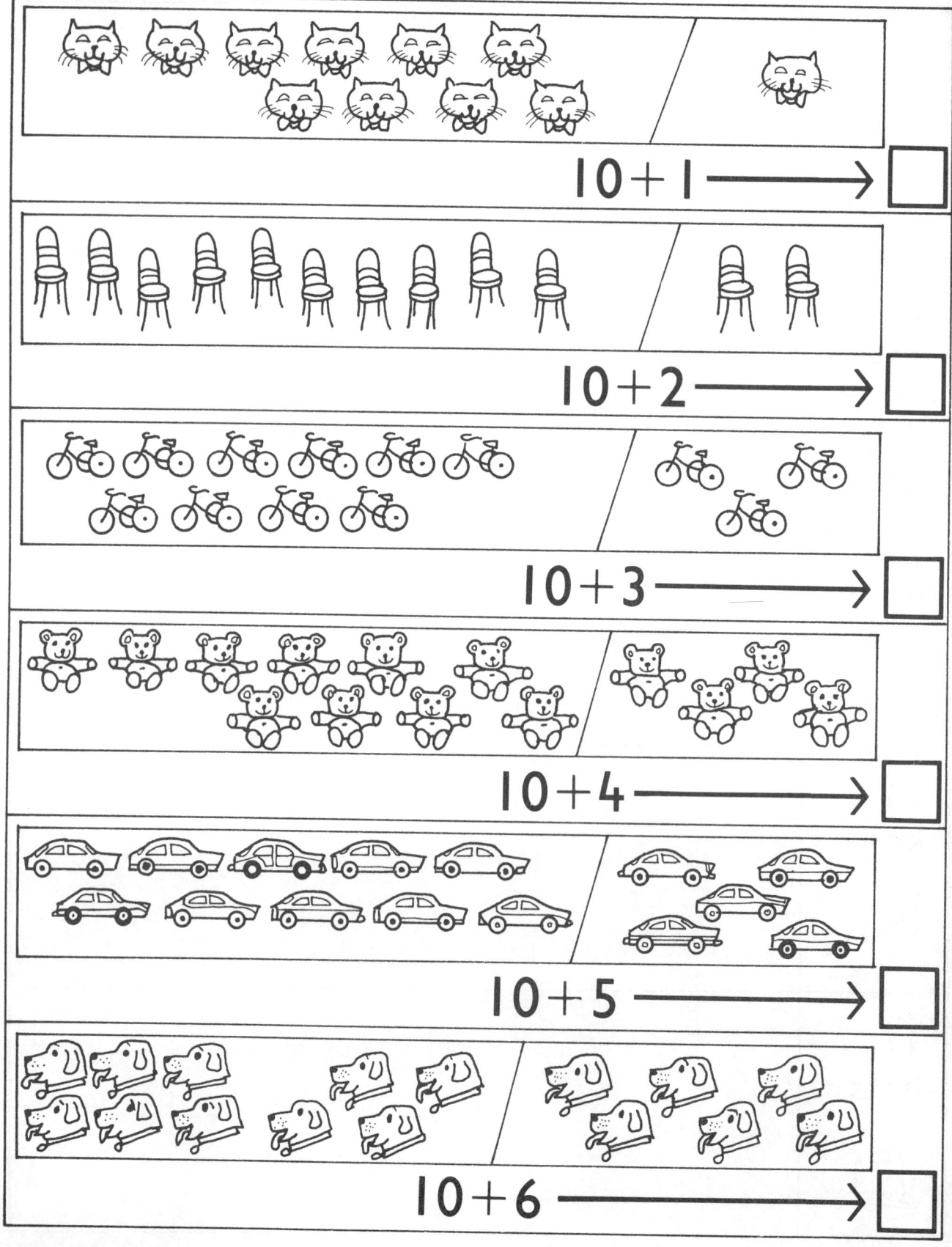

Adding

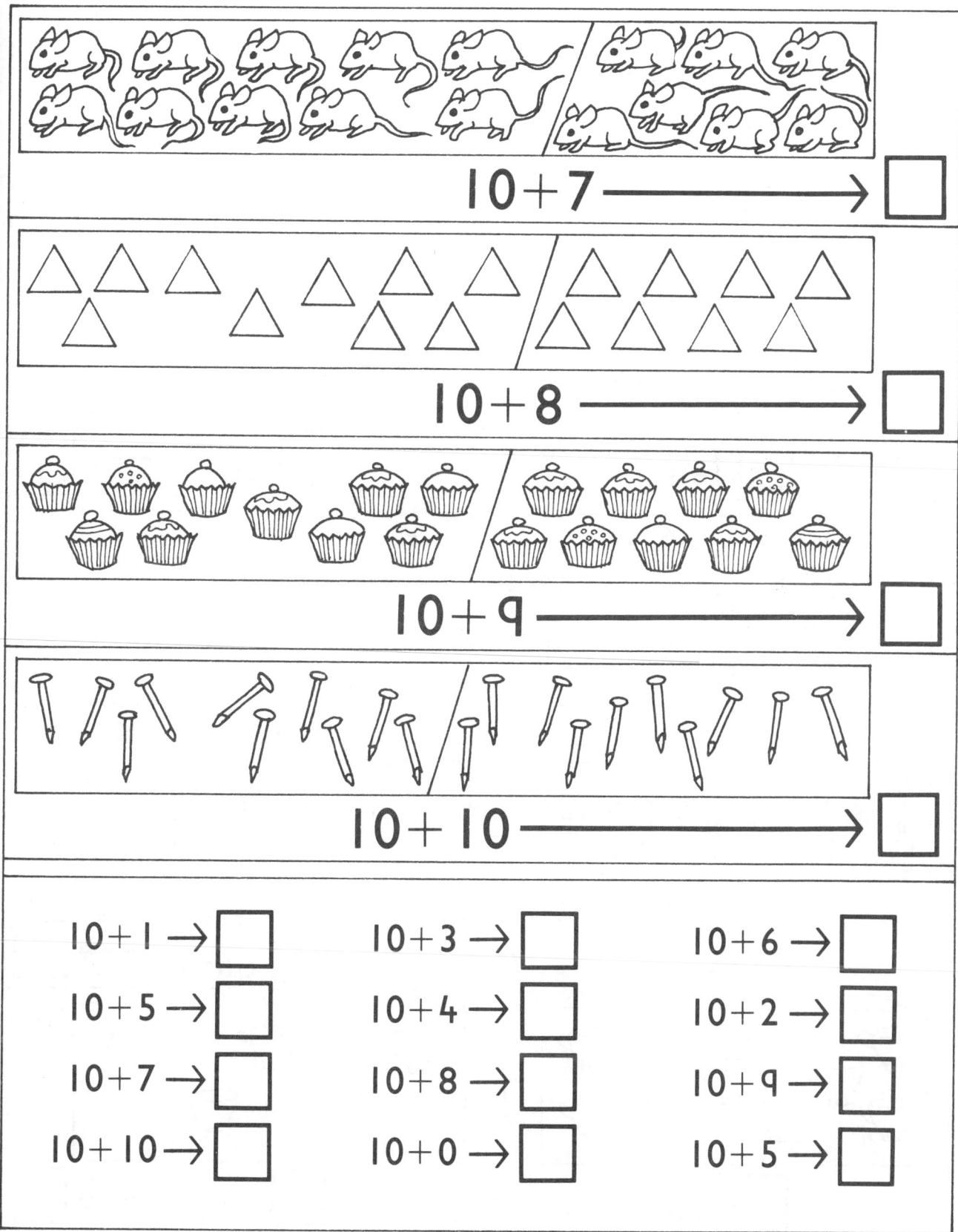

Count and colour

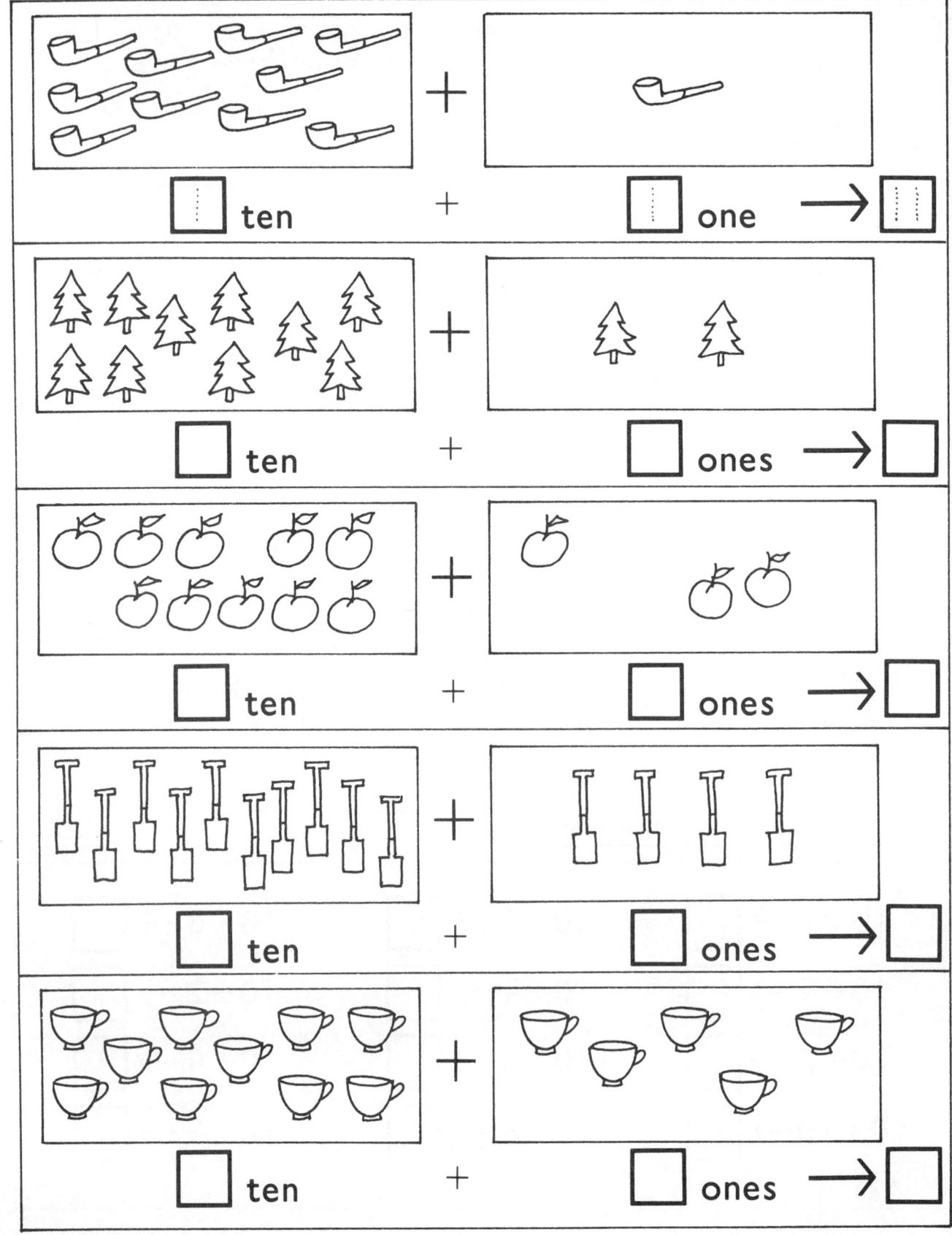

Count and colour

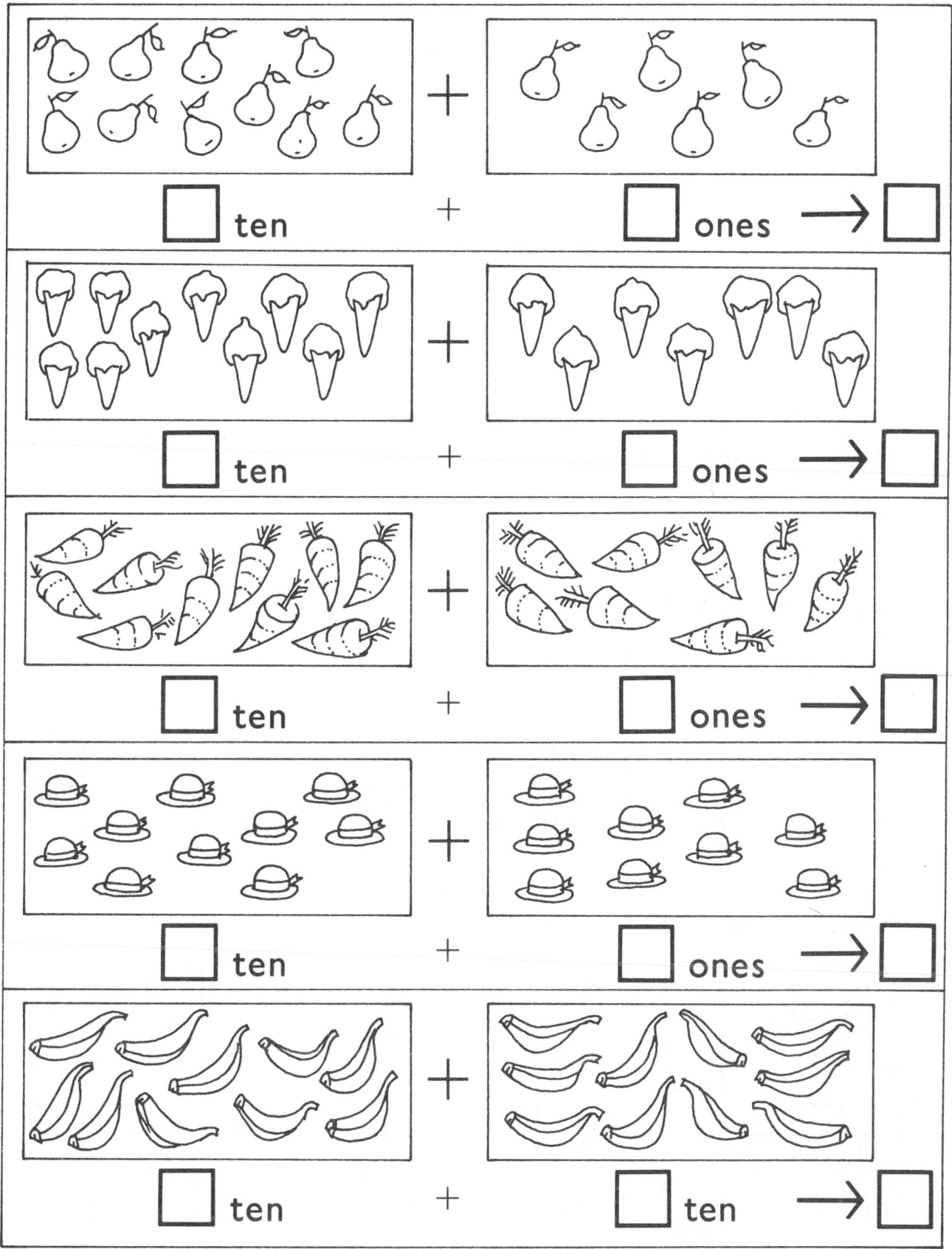

11 boats

Add

1 + [10] → 11   2 + ☐ → 11   3 + ☐ → 11
4 + ☐ → 11   5 + ☐ → 11   6 + ☐ → 11
7 + ☐ → 11   8 + ☐ → 11   9 + ☐ → 11
10 + ☐ → 11   11 + ☐ → 11   0 + ☐ → 11

Take away

11 − 4 → [7]   11 − 6 → ☐   11 − 2 → ☐
11 − 8 → ☐   11 − 1 → ☐   11 − 9 → ☐
11 − 5 → ☐   11 − 0 → ☐   11 − 10 → ☐
11 − 3 → ☐   11 − 7 → ☐   11 − 11 → ☐

Mixed: add and take away

6 + [5] → 11   3 + ☐ → 11   8 + ☐ → 11
11 − 6 → ☐   11 − 8 → ☐   11 − 3 → ☐
7 + ☐ → 11   9 + ☐ → 11   11 − 5 → ☐
11 − 4 → ☐   11 − 7 → ☐   11 − ☐ → 2

12 mushrooms

20

Add

1 + ☐ → 12   2 + ☐ → 12   3 + ☐ → 12
4 + ☐ → 12   5 + ☐ → 12   6 + ☐ → 12
7 + ☐ → 12   8 + ☐ → 12   9 + ☐ → 12
10 + ☐ → 12   11 + ☐ → 12   12 + ☐ → 12

Take away

12 − 3 → 9   12 − 5 → ☐   12 − 1 → ☐
12 − 6 → ☐   12 − 2 → ☐   12 − 4 → ☐
12 − 9 → ☐   12 − 8 → ☐   12 − 10 → ☐
12 − 7 → ☐   12 − 11 → ☐   12 − 12 → ☐

Mixed: add and take away

11 + ☐ → 12   2 + ☐ → 12   8 + ☐ → 12
12 − 4 → ☐   12 − 2 → ☐   12 − 6 → ☐
9 + ☐ → 12   7 + ☐ → 12   12 − 5 → ☐
12 − 9 → ☐   12 − 7 → ☐   4 + ☐ → 12

13 hedgehogs

Add

1 + ☐12☐ → 13   2 + ☐ → 13   3 + ☐ → 13
4 + ☐ → 13   5 + ☐ → 13   6 + ☐ → 13
7 + ☐ → 13   8 + ☐ → 13   9 + ☐ → 13
10 + ☐ → 13   11 + ☐ → 13   12 + ☐ → 13

Take away

13 − 2 → ☐11☐   13 − 5 → ☐   13 − 1 → ☐
13 − 4 → ☐   13 − 3 → ☐   13 − 6 → ☐
13 − 8 → ☐   13 − 10 → ☐   13 − 9 → ☐
13 − 11 → ☐   13 − 7 → ☐   13 − 12 → ☐

Mixed: add and take away

12 + ☐1☐ → 13   3 + ☐ → 13   8 + ☐ → 13
13 − 4 → ☐   13 − 3 → ☐   13 − 6 → ☐
9 + ☐ → 13   7 + ☐ → 13   13 − 1 → ☐
13 − 8 → ☐   13 − 5 → ☐   13 − ☐ → 3

Counting in 2s

How many?

ears 2

slippers ☐

eyes ☐

wheels ☐

feet ☐

flowers ☐

cherries ☐

Counting in 3s

How many?

sides 3

spots ☐

wheels ☐

candles ☐

legs ☐

balloons ☐

Using a number strip

20
19
18
17
16
15
14
13
12
11
10
9
8
7
6
5
4
3
2
1
0

Count on in 2s

1 →	3	12 →	
4 →		15 →	
7 →		18 →	
10 →		13 →	

Count back in 2s

3 →	1	16 →	
8 →		19 →	
5 →		15 →	
12 →		20 →	

Count on in 3s

2 →	5	14 →	
6 →		11 →	
10 →		13 →	
4 →		17 →	

Count back in 3s

4 →	1	12 →	
9 →		15 →	
6 →		20 →	
10 →		18 →	

14 trees

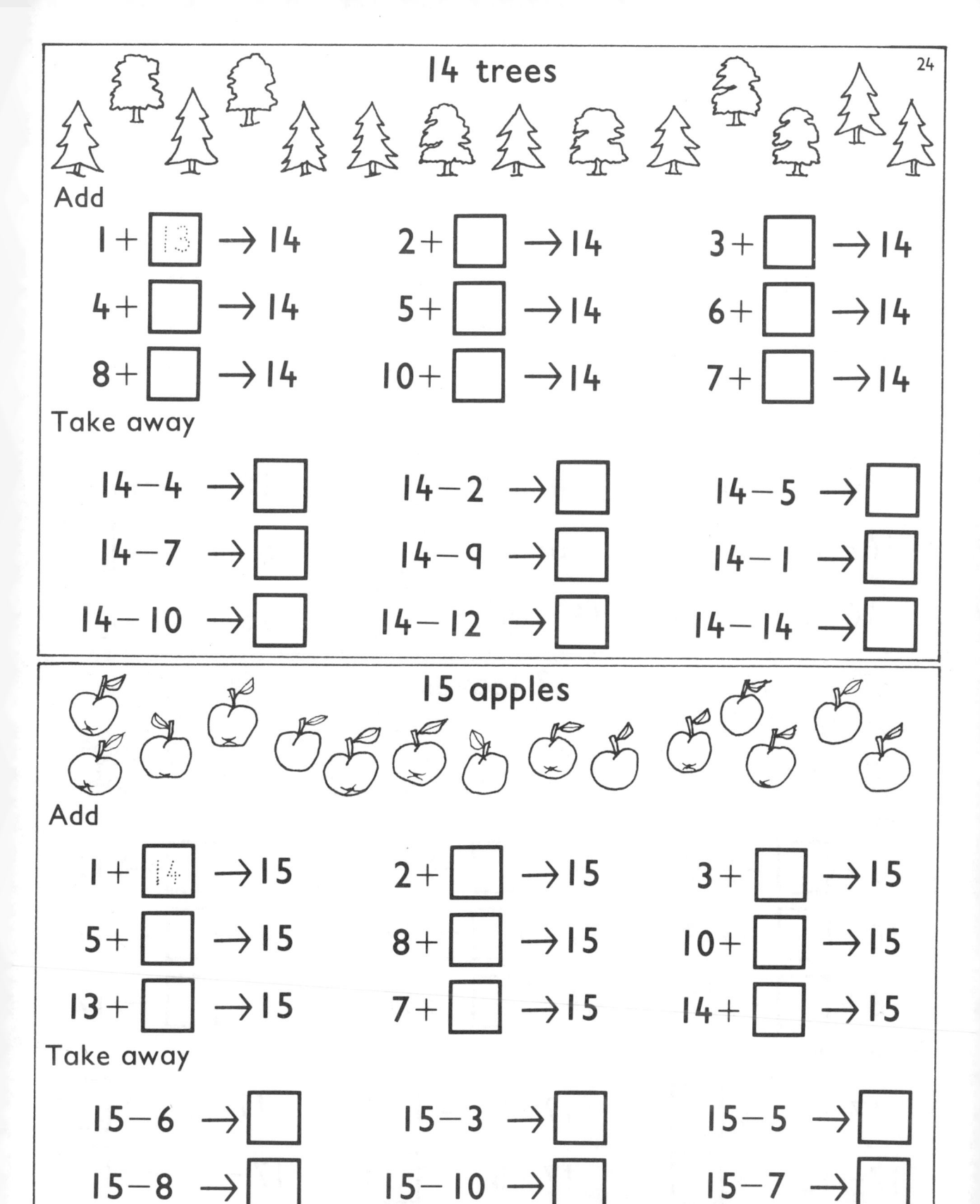

Add

1 + [13] → 14   2 + ☐ → 14   3 + ☐ → 14

4 + ☐ → 14   5 + ☐ → 14   6 + ☐ → 14

8 + ☐ → 14   10 + ☐ → 14   7 + ☐ → 14

Take away

14 − 4 → ☐   14 − 2 → ☐   14 − 5 → ☐

14 − 7 → ☐   14 − 9 → ☐   14 − 1 → ☐

14 − 10 → ☐   14 − 12 → ☐   14 − 14 → ☐

15 apples

Add

1 + [14] → 15   2 + ☐ → 15   3 + ☐ → 15

5 + ☐ → 15   8 + ☐ → 15   10 + ☐ → 15

13 + ☐ → 15   7 + ☐ → 15   14 + ☐ → 15

Take away

15 − 6 → ☐   15 − 3 → ☐   15 − 5 → ☐

15 − 8 → ☐   15 − 10 → ☐   15 − 7 → ☐

15 − 11 → ☐   15 − 13 → ☐   15 − 15 → ☐

16 flags

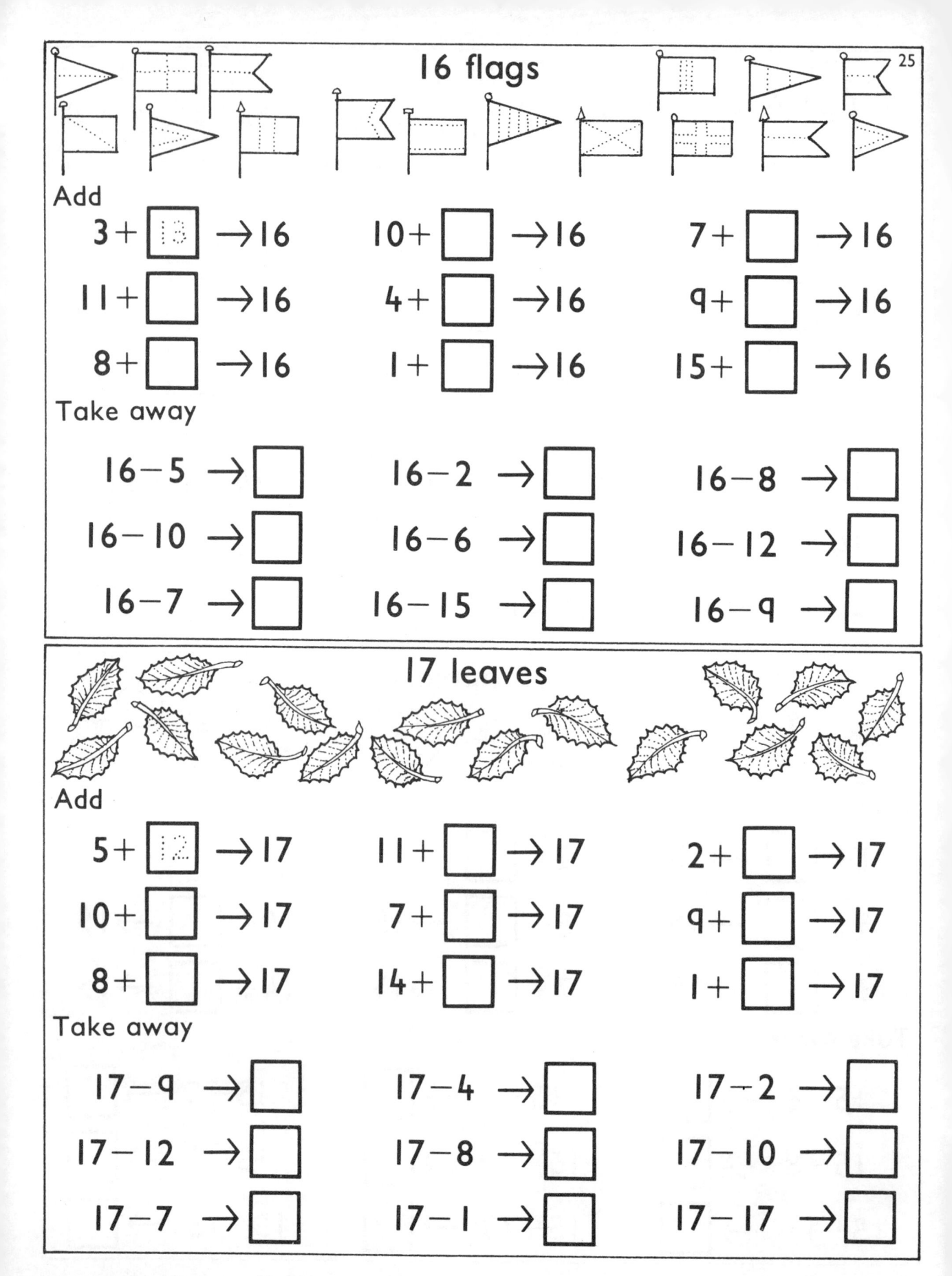

Add

3 + [13] → 16   10 + ☐ → 16   7 + ☐ → 16
11 + ☐ → 16   4 + ☐ → 16   9 + ☐ → 16
8 + ☐ → 16   1 + ☐ → 16   15 + ☐ → 16

Take away

16 − 5 → ☐   16 − 2 → ☐   16 − 8 → ☐
16 − 10 → ☐   16 − 6 → ☐   16 − 12 → ☐
16 − 7 → ☐   16 − 15 → ☐   16 − 9 → ☐

17 leaves

Add

5 + [12] → 17   11 + ☐ → 17   2 + ☐ → 17
10 + ☐ → 17   7 + ☐ → 17   9 + ☐ → 17
8 + ☐ → 17   14 + ☐ → 17   1 + ☐ → 17

Take away

17 − 9 → ☐   17 − 4 → ☐   17 − 2 → ☐
17 − 12 → ☐   17 − 8 → ☐   17 − 10 → ☐
17 − 7 → ☐   17 − 1 → ☐   17 − 17 → ☐

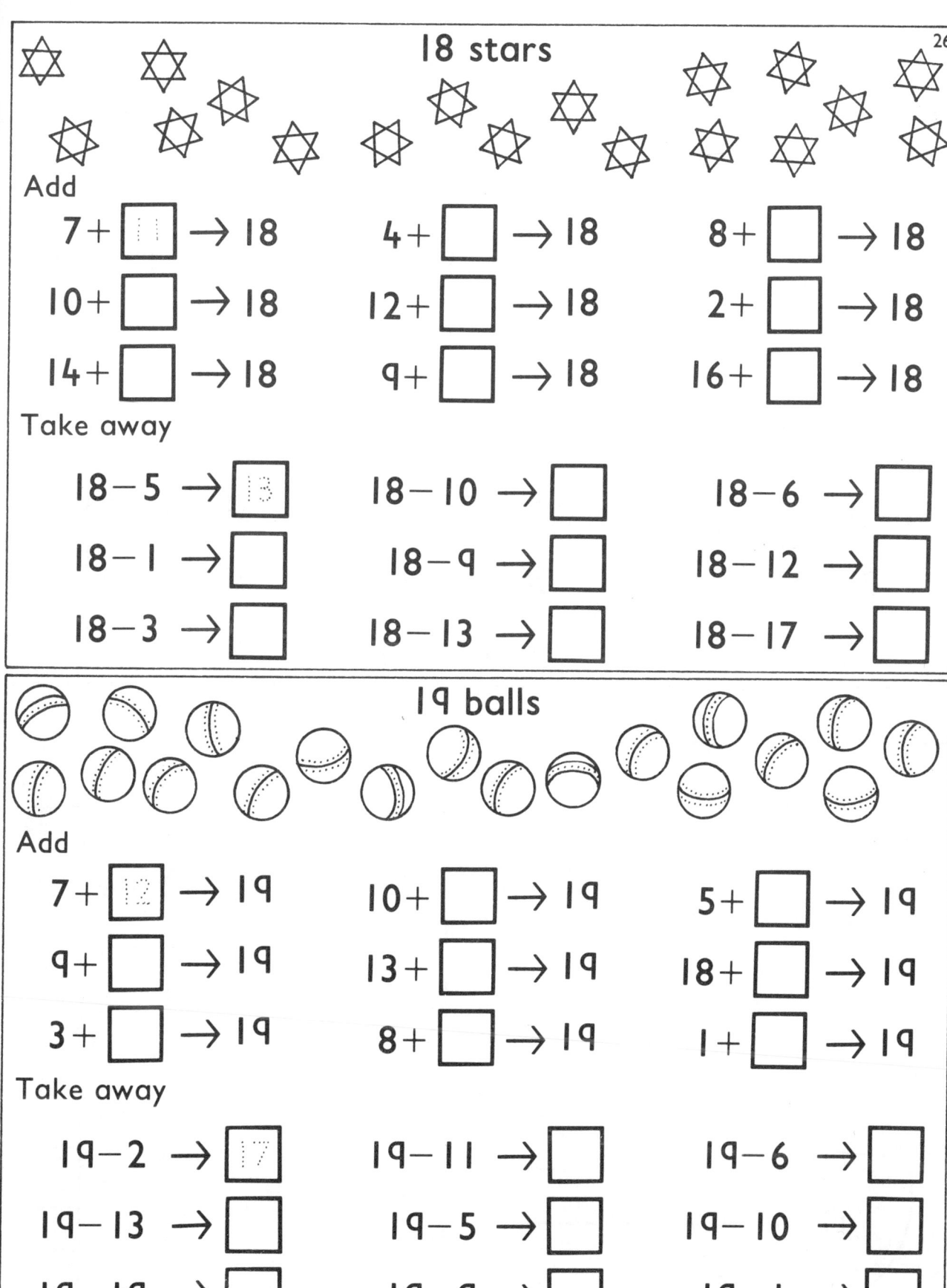

20 mugs

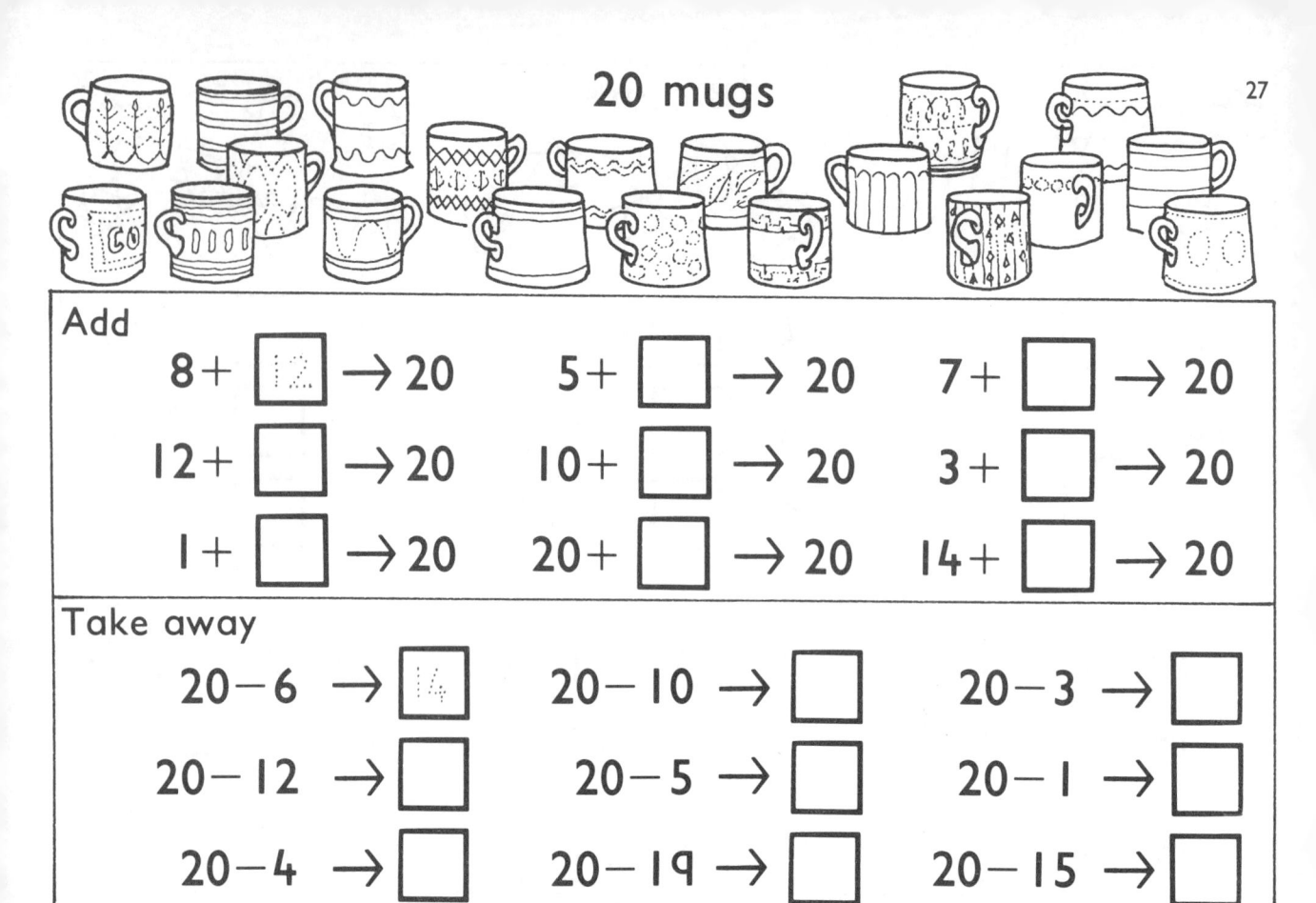

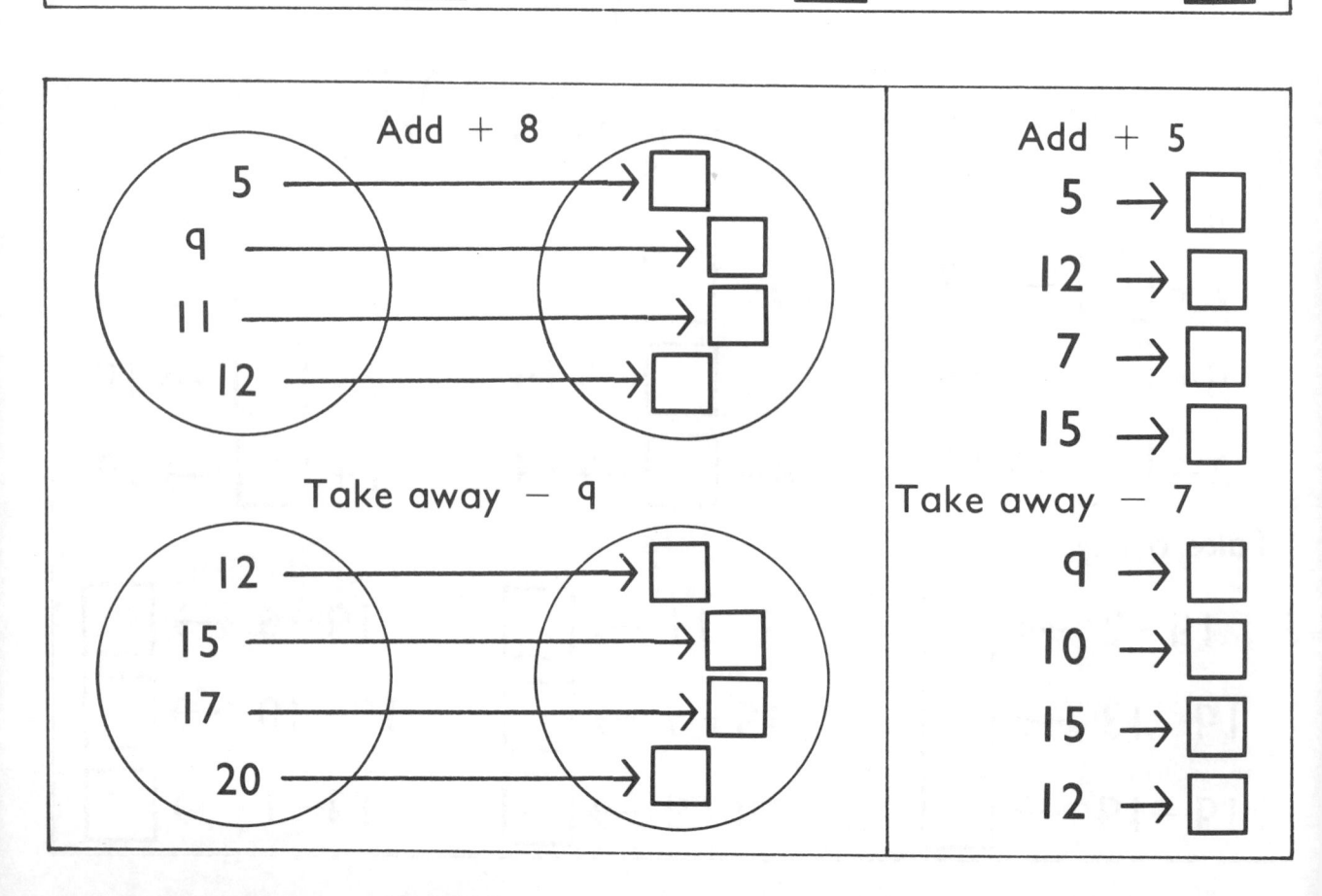

Add

8 + [12] → 20   5 + [ ] → 20   7 + [ ] → 20

12 + [ ] → 20   10 + [ ] → 20   3 + [ ] → 20

1 + [ ] → 20   20 + [ ] → 20   14 + [ ] → 20

Take away

20 − 6 → [14]   20 − 10 → [ ]   20 − 3 → [ ]

20 − 12 → [ ]   20 − 5 → [ ]   20 − 1 → [ ]

20 − 4 → [ ]   20 − 19 → [ ]   20 − 15 → [ ]

Add + 8

5 → [ ]
9 → [ ]
11 → [ ]
12 → [ ]

Add + 5

5 → [ ]
12 → [ ]
7 → [ ]
15 → [ ]

Take away − 9

12 → [ ]
15 → [ ]
17 → [ ]
20 → [ ]

Take away − 7

9 → [ ]
10 → [ ]
15 → [ ]
12 → [ ]

Find and colour the shapes

squares — red
oblongs — green
triangles — blue
circles — orange

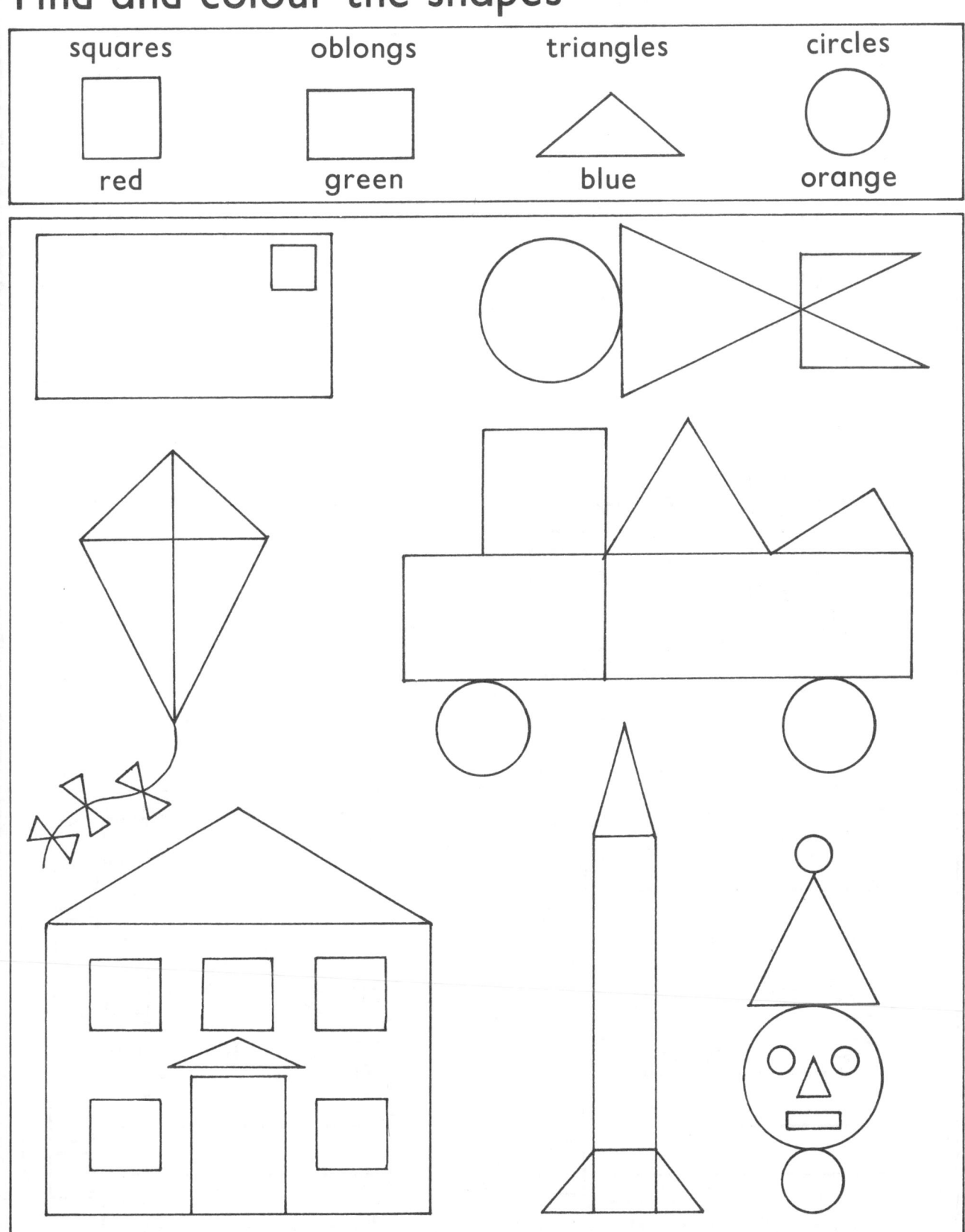

Adding and taking away

29

Add 6	Take away 5	Add 9	Take away 6
5 → ☐	7 → ☐	2 → ☐	9 → ☐
8 → ☐	10 → ☐	6 → ☐	11 → ☐
10 → ☐	18 → ☐	11 → ☐	15 → ☐
13 → ☐	14 → ☐	9 → ☐	20 → ☐

Add 8	Take away 7	Add 7	Take away 9
4 → ☐	7 → ☐	3 → ☐	9 → ☐
9 → ☐	10 → ☐	5 → ☐	17 → ☐
12 → ☐	13 → ☐	9 → ☐	13 → ☐
7 → ☐	20 → ☐	13 → ☐	20 → ☐

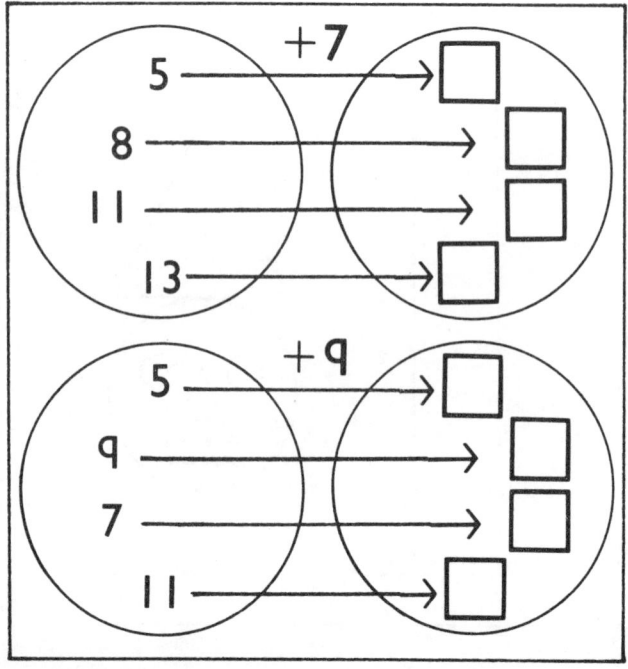

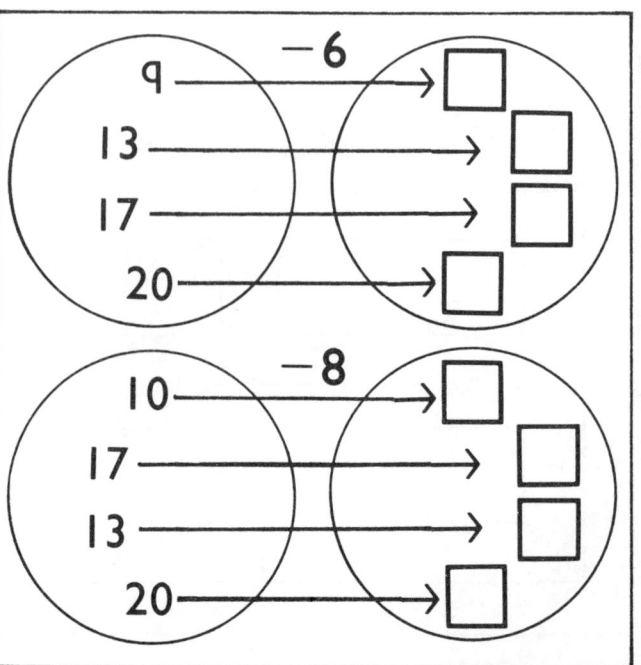

Adding and taking away

Add +

9	12	7	8
+7	+4	+10	+9

10	6	11	4
+8	+13	+8	+13

7	10	9	12
+12	+10	+9	+8

Take away −

16	17	18	19
−5	−4	−7	−3

16	17	18	19
−7	−8	−9	−9

20	17	20	18
−10	−9	−11	−14

Add +

6	15	8	7
+13	+5	+8	+11

13	6	12	4
+7	+10	+5	+15

12	9	16	3
+7	+11	+4	+13

Take away −

18	16	19	17
−6	−4	−5	−3

19	17	16	18
−10	−11	−8	−8

16	20	17	20
−6	−15	−10	−5

Complete this page

| 0 | 1 | 2 | 3 | 4 | 5 | 6 | 7 | 8 | 9 | 10 |

| 0 | 1 | 2 | 3 | 4 | 5 | 6 | 7 | 8 | 9 | 10 |

| 11 | 12 | 13 | 14 | 15 | 16 | 17 | 18 | 19 | 20 |

| 11 | 12 | 13 | 14 | 15 | 16 | 17 | 18 | 19 | 20 |

My name is ☐

I am ☐ years old.

I live at ☐

I have ☐ brothers and ☐ sisters.

☐ people live in my home.

I began MY SECOND SUM BOOK

on _____

and completed it on _____.

Signed _____

Published by Collins Educational, *An imprint of HarperCollins Publishers*,
77-85 Fulham Palace Road, London W6 8JB

© 1982 C.E.M.A.
Illustrations by T. Wanless

This impression 1998

No part of this publication may be reproduced, stored in a retrieval system, or transmitted, in any form or by any means, electronic, mechanical, photocopying, recording or otherwise, without the prior permission of the copyright owner.
All rights reserved

Printed in Great Britain by Martins the Printers Ltd, Berwick on Tweed

ISBN 0-00-315361-4